Lesefreunde 2

5-Minuten-Training
Richtig lesen

Erarbeitet von
Irene Hoppe

VOLK UND WISSEN

Lesefreunde 2

5-Minuten-Training
Richtig lesen

Erarbeitet von
Irene Hoppe

Redaktion: Milena Schulze
Illustrationen: Barbara Schumann, Uta Bettzieche (Hund, Detektiv, Kapitelvignetten), Christa Unzner
Umschlaggestaltung: tritopp, Berlin
Umschlagillustration: Christa Unzner, Uta Bettzieche (Hund, Detektiv)
Layout und technische Umsetzung: tritopp, Berlin

www.cornelsen.de

1. Auflage, 3. Druck 2021

Druck: AZ Druck und Datentechnik GmbH, Kempten

ISBN 978-3-06-084622-1

PEFC/04-31-2260

PEFC zertifiziert
Dieses Produkt stammt aus nachhaltig bewirtschafteten Wäldern und kontrollierten Quellen.

www.pefc.de

Das kann ich schon

1 Lies die Satztreppen immer schneller.

Maja liest gespannt.
Maja liest gespannt ein Gruselbuch.

Marek und Dunja lachen über Witze.
Marek und Dunja lachen über Witze im Lesebuch.

Konrad staunt über die Wale.
Konrad staunt über die Wale in seinem Tierbuch.

Lisa und Moritz singen ein Lied.
Lisa und Moritz singen ein Lied aus dem Liederbuch.

Hanna lernt neue Tricks.
Hanna lernt neue Tricks im Zauberbuch.

2 Wer liest was? Verbinde.

Konrad	Liederbuch
Hanna	Tierbuch
Moritz	Gruselbuch
Dunja	Zauberbuch
Maja	Lesebuch

1 Verbinde zwei Silben zu einem Wort.

der		die		das	
Kul		Te		Schul	
Kla	ber	Tro	sche	Schal	brot
Kle		Ta		Schreib	

2 Was gibt es in der Schule? Kreuze an.

☐ Tarn hal le	☐ Mau sen hof	☐ Klas sen raum
☐ Turn hal le	☐ Pau sen huf	☐ Klas sen baum
☐ Turn hol le	☐ Pau sen hof	☐ Klas ten raum

3 Markiere alle Wörter mit **Sch** und **sch**.

Alle Schüler arbeiten leise.

Sie schreiben eine schöne Geschichte in ihre Hefte.

Dann holen sie schnell Schulbrote

aus den Taschen. Endlich Pause!

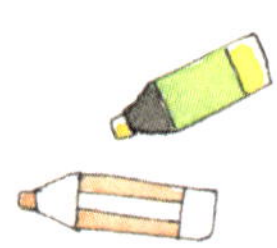

1 Wie heißen die Schulfächer? Ergänze.

athematik achunterricht

usik eutsch unst

2 Was gehört zusammen? Verbinde.

In Saras Geschichte	sehr lieb.
Der Schulhund	gibt es einen Schulhund.
Benno ist	gerne streicheln.
Er lässt sich	heißt Benno.

3 Ergänze die passenden Reimwörter.

Neben dem Schrank

steht die ______________ .

Unter dem Tuch

liegt ein ______________ .

In der Tasche

ist eine ______________ .

Flasche

Tank

Bank

Tasse

Buch

1 Drei Tiere haben sich in der Klasse versteckt.
Markiere die Tiere.

Klasse	Klasse	Klasse	Kamel	Klasse	Klasse
Klasse	Klasse	Klasse	Klasse	Klasse	Klasse
Klasse	Klasse	Katze	Klasse	Klasse	Klasse
Klasse	Klasse	Klasse	Klasse	Klasse	Käfer

2 In jeder Reihe ist ein falsches Wort.
Streiche diese Wörter.

Schulhaus	Klassenbuch	Turnhalle
Schultasche	Klassenkasse	Turnbeutel
Schulmund	Klassenrat	Turnschere
Schultag	Klassenbaum	Turnhose
Schulkind	Klassenlehrer	Turnfest

3 Verbinde die gleichen Sätze.

Sam und Sara schreiben.	Sara und Siri schreiben.
Sandra und Siri schreien.	Sandra und Siri schreien.
Siri und Sam schweigen.	Sam und Sara schreiben.
Sara und Siri schreiben.	Siri und Sam schweigen.

1 Suche dir ein Kind zum Partnerlesen.

Witz

Tom hat heute verschlafen.

Er beeilt sich sehr.
Aber er kommt zu spät zur Schule.

Tom läuft schnell die Treppe hoch zum Klassenraum der 2b.

Im Flur trifft er Frau Maier, die Direktorin.

Frau Maier sagt zu Tom:
„Zehn Minuten zu spät."

Tom antwortet: „Nicht so schlimm. Ich auch."

2 Schätze ein: Ich kann …

den Text flüssig vorlesen	(beinahe) fehlerfrei vorlesen	an passenden Stellen eine Pause machen
☆☆☆	☆☆☆	☆☆☆

3 Was stimmt? Kreuze an.

☐ Tom und Frau Maier sind zu spät gekommen.

☐ Tom ist zu spät gekommen.

1 Verbinde immer zwei Silben
zu einem Herbstwort.

ERN NE BLÄT KÜR RE DRA

BEL TE CHEN TER BIS GEN

2 Wie heißen die Herbstmonate richtig?

Sep tam ber	Ok to ber	No vum ber
Sep tem ber	Ok ti ber	No vem bir
Sep tem bor	Ok to bur	No vem ber

3 Lies die Herbstwörter immer schneller.
Ergänze.

Herbst	Ernte	Wal
Herbstregen	Erntedank	Walnuss
Herbstregenwetter	Erntedankfest	Walnussbaum

Herbst
Herbstferien

Herbstferien

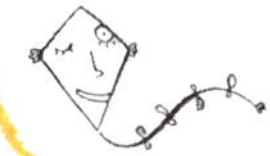

1 Ergänze die Herbstwörter.

Anfel **Sturm** **Laterne** **Fruchte**

Kartoffel **Pilze** **Eicheln**

2 Ergänze vier Wörter mit **W**
und drei Wörter mit **H**.

ind aselnuss agebutte olken

eintrauben ald erbstgedicht

3 Setze die Wörter passend ein.

Winter Monate Hecke Laub Kugel

Der Igel raschelt im ________.

Er sucht ein Versteck für den ________.

Gern versteckt er sich in einer ________.

Dann rollt er sich zu einer ________.

So schläft der Igel fünf ________.

1 In jeder Reihe passt ein Wort nicht.
Streiche das Wort.

Äpfel Birnen Pflaumen Brot Trauben

Wind Stein Sturm Gewitter Regen

Kartoffeln Kohl Kartei Möhren Pilze

2 In jedem Satz ist ein Wort falsch.
Streiche das Wort. Schreibe es richtig.

Auf dem Nussbaum sind viele Küsse.

Im Garten blühen noch Blusen.

Blätter tanzen im Kind.

3 Welcher Satz stimmt? Kreuze an.

- ☐ Viele Kinder in der Klasse haben Schnupfen.
- ☐ Viele Rinder in der Klasse haben Schnupfen.
- ☐ Viele Kinder in der Kasse haben Schnupfen.

1 Suche dir ein Kind zum Partnerlesen.

Witz

Es ist ziemlich kalt im November.
Es regnet und stürmt.

Samira hat sich erkältet und hat einen dicken Schnupfen.

Sie fährt im Bus zu ihrer Oma.
Ständig muss sie niesen.

Die anderen Fahrgäste schauen schon.

Neben ihr sitzt eine sehr feine Dame.

Sie fragt Samira: „Hast du denn kein Taschentuch bei dir, mein Kind?“

Samira antwortet: „Schon, aber das verleihe ich nicht.“

2 Welche Überschrift passt zum Witz?
Kreuze an.

- Die erkältete feine Dame
- Mein Taschentuch gehört mir

1 Welche Silbe passt nicht? Streiche sie.
Schreibe das Wort richtig auf.

Tan te sin

Bru tan der

Va ter pa

On te kel

Mut li ter

2 Markiere alle Wörter mit **St** und **st**.
Lies dann den Zungenbrecher ohne Fehler
immer flüssiger.

Tante Stefanie steigt in der Stube
auf den Stuhl.
Auf den Stuhl in der Stube steigt
Tante Stefanie.

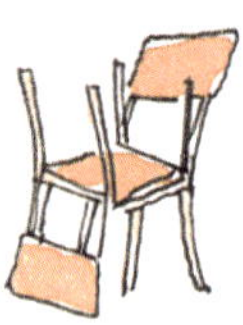

3 Markiere das Wort mit den meisten Silben.

Großtante Urgroßvater Pflegekind Enkelin

1 Welcher Buchstabe fehlt? Trage ein.

ma F milie Patenk nd

Toch er Gr ßonkel Enke

2 Setze die Wörter passend ein.

Baby Geschwister Bruder Schwester

Der ______ schiebt den Wagen.

Das ______ schreit laut.

Die große ______ beruhigt das Baby.

Gleich sind die ______ zu Hause.

3 Was gehört zusammen? Verbinde.

Max und Moritz	beiden auch Streit.
Manchmal haben die	sind Brüder.
Dann sind die beiden	das schnell vorbei.
Zum Glück geht	voller Wut.

1 Vier Tiere haben sich bei der Familie versteckt.
Markiere die Tiere.

Familie	Familie	Frosch	Familie	Familie
Familie	Familie	Familie	Familie	Familie
Fliege	Familie	Familie	Familie	Fuchs
Familie	Familie	Familie	Faultier	Familie

2 In jedem Satz ist ein Wort zu viel.
Streiche das Wort.

Papa dann liest Mia jeden Abend vor.

Am liebsten die mag Mia das Buch über Lotta.

Lotta macht klein immer lustige Sachen.

Sie wohnt in so der Krachmacherstraße.

Mia freut sich Spaß über die Geschichten.

3 Löse die Knobelei.

Anton feiert heute seinen dritten Geburtstag.
Seine Schwester Sara ist zwei Jahre älter.
Sein Bruder Otto ist doppelt so alt wie Sara.
Wie alt ist Otto?

Otto ist ______ Jahre alt.

1 Suche dir ein Kind zum Partnerlesen.

Witz

Ronjas Papa hat viele Äpfel
vom Apfelbaum gepflückt.

Aus den Äpfeln hat er leckeren Apfelkuchen
gebacken.

Ronja hat riesigen Hunger und setzt sich
an den Tisch.

Sie mault: „Wann gibt es endlich Apfelkuchen?“

Fragt der Vater: „Na, Ronja, wie heißt denn

das kleine Zauberwort mit zwei **t**?“

Ronja überlegt ein wenig und antwortet:
„Flott?“

2 Welches Wort mit zwei **t** meint Ronjas Vater wohl?
Schreibe es auf.

Bist du fit?

Luisa und Paul erzählen von ihren Familien

Luisa

Ich wohne mit meiner Mama und meiner Oma in einem kleinen Haus am Stadtrand. Manche sagen dazu „Drei-Mädel-Haus“. Das finde ich lustig. An zwei Wochenenden im Monat bin ich bei Papa und meiner Stiefmutter. Sie wohnen in der Nähe auf einem Dorf. Dort lebt auch Tommy, mein kleiner Baby-Bruder. Ich liebe ihn sehr.

Paul

Wir sind eine große Familie. Ich wohne mit meinen Eltern und meinen drei älteren Schwestern in einem Haus mit einem großen Garten. Bei uns ist meistens viel los. Wenn wir Geschwister uns streiten, schickt uns Papa immer raus in den Garten. Dort vertragen wir uns meistens wieder ganz schnell. Ich finde es schön, dass wir so viele Kinder sind. Und ich habe immer jemanden, der mit mir spielt.

1 Was stimmt? Was stimmt nicht?
Kreuze an.

	stimmt	**stimmt nicht**
Luisa wohnt mit Mama und Oma zusammen. Lies in den **Zeilen 1 und 2** nach.		
Luisas Papa wohnt auf einem Dorf. Lies in den **Zeilen 5 und 6** nach.		
Luisa ist jedes Wochenende bei ihrem Papa. Lies in den **Zeilen 4 und 5** nach.		
Luisa hat eine kleine Schwester. Lies in den **Zeilen 6 und 7** nach.		

2 In welcher Zeile steht, dass in Pauls Familie viel los ist?

Zeile

3 Paul findet es schön, eine große Familie zu haben.
Stimmt das? Markiere die Textstelle.

1 Bei den Märchenfiguren sind die Silben vertauscht.
Schreibe die Wörter richtig.

GIN KÖ NI ________________

XE HE ________________

CHEN DRA ________________

2 Wie viele Märchenorte entdeckst du? Notiere.

TURM|SCHLOSSHÖHLEBURGBRUNNENWALD

Es sind ________ Märchenorte.

3 Unterstreiche in jeder Zeile, was neu
dazu kommt.
Lies dann die Sätze immer schneller.

Die Königin schaut.

Die böse Königin schaut.

Die böse und hartherzige Königin schaut.

Die böse und hartherzige Königin schaut in den Spiegel.

1 Schreibe den Märchensatz vollständig auf.

Hänsel und Gretel verliefen sich im Wald.

2 Ergänze die fehlenden Wörter in den Märchensprüchen.

Ich bin so satt,

ich mag kein ________.

Ach wie gut, dass niemand weiß,

dass ich Rumpelstilzchen ________.

3 Welches Wort passt nicht? Streiche das falsche Wort.

Rotkäppchen *triffst/trifft* im Wald den Wolf.

„Wohin *geht/gehst* du?“, fragt der Wolf.

Rotkäppchen sagt: „Ich *möchtet/möchte* zur Großmutter.“

1 In jedem Satz passt ein Wort nicht.
Streiche das Wort.

Im Märchen gibt es Prinzen, Könige,
Zauberer, Fußballer, Jäger, Riesen.
Märchen spielen in Schlössern, Hexenhäusern,
Hochhäusern, Wäldern, Burgen.

2 Kreuze die richtigen Sätze an.

- [ ] Schneewittchen versteckt sich bei den sieben Ziegen.
- [ ] Rotkäppchen pflückt Blumen für die Großmutter.
- [ ] Die Prinzessin ärgert sich über eine Bohne in ihrem Bett.
- [ ] Dornröschen schläft hundert Jahre.

3 Kennst du die Märchenfigur?
Ergänze die Lösung.

Es ist ein sehr schönes Mädchen.
Das Mädchen ist in einem Turm gefangen.
Das Mädchen hat sehr lange Haare.

Das Mädchen heißt ______________________.

1 Suche dir ein Kind zum Partnerlesen.

Witz

Zwei hungrige Drachen treffen sich.

Gemeinsam machen sie sich auf zur Futtersuche.

Sie laufen lange, sehr lange. Ihr Hunger wird immer größer.

Endlich sehen sie in der Ferne ein Schloss.

„Hoffentlich können wir uns gleich eine feine Prinzessin schmecken lassen“, sagt der eine Drache.

Doch da stellt sich dem Drachen ein Ritter in Rüstung in den Weg.

Da meint der andere Drache enttäuscht: „Mist, schon wieder Dosenfutter.“

2 Wie findest du den Witz?
Ergänze.

Ich finde den Witz ______________________, weil

____

____.

1 Drehe diese Wörter um.

Ballschnee

Zapfeneis

2 Was gibt es im Winter? Kreuze an.

Ni ka laus	Weih nich ten	Sil ves ter
No ki laus	Weih nach ten	Sil vos ter
Ni ko laus	Weh nach ten	Sul ves ter

3 Markiere alle Wörter mit **Vor** und **vor**.
Lies dann die Zungenbrecher ohne Fehler immer flüssiger.

Vorgestern schlich der vorbestellte Nikolaus vor dem Vorderhaus vorbei.
Vor dem Vorderhaus schlich der vorbestellte Nikolaus vorgestern vorbei.

Bei der Vorführung stellte sich der Vorsänger vorsichtig vor den Vorhang.
Vor den Vorhang stellte sich vorsichtig bei der Vorführung der Vorsänger.

1 Ergänze zwei Wörter mit **Schnee-** und zwei Wörter mit **Eis-**.

______ zapfen ______ fall

______ matsch ______ bär

2 Ergänze die Nikolaussprüche.

vorbei versuchen Lieder gern

Herr Nikolaus, du kommst von fern,

wir Kinder haben dich so ______.

Eins, zwei, drei,

Niklaus, komm bei uns ______.

Nikolaus, komm immer wieder,

dann singen wir dir schöne ______.

Bringt der Niklaus Pfefferkuchen,

lassen wir ihn auch ______.

1 In jeder Reihe ist ein falsches Wort.
Streiche diese Wörter.

Eisberg	Kaminfeuer	Wollpullover
Eisbecher	Kaminschnee	Wolljacke
Eisdecke	Kaminholz	Wollknäuel
Eisheizung	Kaminofen	Wolldecke
Eisbahn	Kaminfeger	Wollsalami

2 In jedem Satz ist ein Wort zu viel.
Streiche das Wort.

Im Winter wird Eis es sehr kalt.

Für viele Tiere die kommt dann eine harte Zeit.

Auch die Vögel finden nicht genügend Hunger Futter.

Deshalb klein stellen viele ein Vogelhaus in den Garten.

3 Welche Frage passt zum Wort
„Schneeglöckchen“? Kreuze an.

☐ Welcher ist der kälteste Monat?

☐ Welche Blumen wachsen im Schnee?

☐ Wovon ernähren sich die Vögel im Winter?

1 Suche dir ein Kind zum Partnerlesen.

Witz

Es ist ein eisig kalter Winter. Eine kleine Schnecke kriecht langsam, aber sicher auf den Pflaumenbaum.

Da fliegt ein neugieriger kleiner Spatz vorbei.
Er fragt:

„Was machst du denn da? Was willst du auf dem Baum?“

„Ich will Pflaumen essen, was denn sonst?“, antwortet die Schnecke und kriecht beharrlich weiter.

„Aber da hängt doch nichts am Baum“, meint der Spatz verwundert.

Sagt die Schnecke: „Wenn ich oben bin, schon.“

2 Wann möchte die Schnecke oben ankommen? Kreuze an.

in ein paar Tagen

in ein paar Wochen

in ein paar Monaten

1 Das können Freunde zusammen machen.
Verbinde immer zwei Silben zu einem Wort.

la spie to schwim ko bas

ben chen len chen men teln

2 Ergänze die Wörterdominos.

~~Fußball~~ Spielplatz Ballspiel

Fuß	ball				

~~Platzkarten~~ Spieluhr Kartenspiel

Platz	karten				

3 Markiere alle fünf Wörter mit **FREUND**.

Maria und Max sind befreundet. Sie spielen gemeinsam im Fußballverein. Heute haben sie ein Freundschaftsspiel mit dem Verein „Ballfreunde Freudendorf“. Alle Spieler begrüßen sich, niemand ist unfreundlich. Es sind viele Fußballfreunde gekommen.

1 Ergänze **Freuden-** oder **Freund-**.

______träne ______schaft

______lichkeit ______fest

2 Ergänze die fehlenden Buchstaben.

Ich lade euch sehr herzlich zu meinem Geburtst

am nächsten Sams ag um 15 Uhr ein.

Zuerst essen wir Ku en bei uns zu Hau e.

Dann gehen wir alle sammen zum

Waldspiel atz. Dort können wir to en.

Am Ab nd gibt es dort für alle W rstchen.

Ich freue mich auf euch

Euer Fritz

3 Was gehört zusammen? Verbinde.

Freunde sollten	auch die Versöhnung.
Geheimnisse dürfen	immer zusammenhalten.
Zum Streiten gehört	schnell beleidigt sein.
Freunde sollten nicht	nicht ausgeplaudert werden.

1 In diesem Satz passt ein Wort nicht.
Streiche das Wort.

Freunde sind zueinander freundlich, hilfsbereit, lieb, nett, grob, höflich.

2 Verbinde die gleichen Sätze.

Fritz und Franz sind beste Freunde.	Fritz und Fred sind beste Freunde.
Franz und Fritz sind feste Freunde.	Fritz und Franz sind beste Freunde.
Fritz und Fred sind beste Freunde.	Franz und Fritz sind feste Freunde.

3 Wer ist Tinas Freundin? Kreuze an.

Tinas Freundin interessiert sich sehr für Tiere.
Sie treibt gerne Sport und kann super lesen.

- [ ] Fiona ist im Judo-Verein. Sie liebt ihren Hund. Sie liest sehr gerne dicke Bücher.
- [ ] Anna spielt gerne Fußball. Sie liebt ihr Kaninchen. Das Lesen fällt ihr noch schwer.

1 Suche dir ein Kind zum Partnerlesen.

Witz

Am Samstagabend darf Luisa bei Ayse übernachten.

Sie ziehen sich ihre Schlafanzüge an und machen das Licht aus.

Erst wollen sie sich noch ein bisschen erzählen.

Da bemerkt Ayse, dass Luisa noch ihre Brille aufhat.

Sie sagt zu ihr: „Du musst noch deine Brille abnehmen.“

„Nee, nee“, antwortet Luisa. „Die brauche ich beim Schlafen.“

„Aber wozu denn?“, wundert sich Ayse.

Darauf Luisa: „Damit ich besser sehe, was ich träume.“

2 Was stimmt? Kreuze an.

- [ ] Ayse trägt eine Brille im Bett.
- [ ] Luisa trägt eine Brille im Bett.

Wer bin ich?

Berühmte Märchenfiguren gesucht!

1 Lies die Rätsel. Schreibe die passenden Namen unter die Rätsel.

Hänsel   Aschenputtel   Schneewittchen
Bremer Stadtmusikanten   Froschkönig

Ich bin eine sehr hübsche Prinzessin. Meine Stiefmutter mag mich nicht. Sie hatte böse Pläne gegen mich. Zum Glück konnte ich bei den sieben Zwergen wohnen.

Ich bin ein Junge. Meine Eltern sind sehr, sehr arm. Einmal habe ich mich tief im Wald verlaufen. Zum Glück war meine Schwester Gretel bei mir.

Ich bin ein glücklicher Prinz. Aber ich war eine Zeitlang verwünscht. Ich wurde durch eine schöne Prinzessin erlöst. Zum Glück war ich dann nicht mehr klein und grün.

Wir sind schon ganz schön alt. Wir haben uns zusammengetan. Unsere Herren fanden uns nutzlos. Da haben wir uns auf den Weg nach Bremen gemacht.

Ich bin ein Mädchen. Meine Mutter ist gestorben. Meine Stiefmutter und meine neuen Schwestern behandeln mich sehr schlecht.

2 Woran hast du die Figur erkannt?
Markiere in jedem Rätsel eine Stelle.

3 Welches ist dein liebstes Märchen?
Begründe.

Mein liebstes Märchen ist

weil

1 Drehe diese Blumen-Wörter um.

Glöckchenmai ______________________

Blümchengänse ______________________

2 Wie viele Frühlingsblumen entdeckst du?
Notiere.

TULPEKROKUSPRIMELNARZISSEVEILCHEN

Es sind __________ Frühlingsblumen.

3 Markiere alle Wörter mit **FRÜH**.
Lies dann die Zungenbrecher ohne Fehler immer flüssiger.

Früh im Frühling fangen die Frühblüher im Frühbeet
frühzeitig fröhlich an zu blühen.
Frühzeitig fangen die Frühblüher im Frühbeet
früh im Frühling fröhlich an zu blühen.

Beim fröhlichen Frühlingsfest gibt es Frühlingsquark
aufs Frühstücksbrot zum frühen Morgen.
Zum frühen Morgen gibt es aufs Frühstücksbrot
Frühlingsquark beim fröhlichen Frühlingsfest.

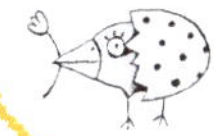

1 Ergänze zwei Wörter mit **Oster-** und zwei Wörter mit **Früh-**.

____jahr ____kerze

____lamm ____blüher

2 Lies den Satz.
Schreibe den Satz mit richtigen Wörtern auf.

Zw* kl*ne *er r*sen zur Osterf*er.

____

____

3 Ergänze die fehlenden Wörter.

Osterfest Hurra Maus

Der Frühling ist da. Wir rufen: „____!“
Endlich können alle raus,
auch aus ihrem Loch die ____.
Auch die Hühnerlein im Nest
freuen sich aufs ____.

1 Fünf Tiere haben sich bei der Hecke versteckt.
Markiere die Tiere.

Hecke	Hecke	Hecke	Hecke	Hecke	Meise
Hecke	Hecke	Hase	Hecke	Hecke	Hecke
Hecke	Hecke	Hecke	Hund	Hecke	Hecke
Hecke	Hecke	Hecke	Hecke	Hecke	Hecke
Hecke	Huhn	Hecke	Hecke	Zecke	Hecke

2 Was stimmt? Kreuze an.

Das Rotkehlchen

- [ ] ist ein Vogel.
- [ ] ist eine Frühlingsblume.
- [ ] ist ein Baum.

Der Schauer

- [ ] ist ein Regenguss.
- [ ] ist ein Mann, der schaut.
- [ ] ist ein Vogel.

3 Welches Wort passt nicht?
Streiche das falsche Wort.

Im April kehren/fahren die Störche aus Afrika zurück.

Sie braten/bauen ihr Nest gerne auf hohen Dächern.

In das Nest legt/wirft die Störchin drei bis fünf Eier.

Die jungen Störche schlüpfen nach etwa
30 Jahren/Tagen.

1 Suche dir ein Kind zum Partnerlesen. 

Witz

Zwei Osterhasen sitzen im Flugzeug nach Hongkong.

Nach der anstrengenden Osterzeit machen die beiden eine Reise ins ferne China.

Da meint der eine Osterhase leicht verzweifelt:

„Oje, wir hätten besser mal an die Stäbchen denken sollen."

Der andere Osterhase schaut ihn überrascht an:

„Wieso denn das?"

Antwortet der erste: „Na, mit unseren Löffeln fallen wir doch total auf."

2 Streiche das falsche Wort durch.

Die Ohren der Hasen heißen Stäbchen/Löffel.

Die Chinesen essen meistens mit Stäbchen/Löffel.

1 In jedem Wort steckt ein Tier.
Markiere das Tier. Schreibe es auf.

Haselnuss	Kaffeehaus	Nachbarschaft

2 Welche Tiere gibt es? Kreuze an.

- ☐ Meer schwan chen
- ☐ Moor schwein chen
- ☐ Meer schwein chen
- ☐ Fels hams ter
- ☐ Held hams ter
- ☐ Feld hams ter

3 Unterstreiche in jeder Zeile, was neu dazu kommt.
Lies dann die Sätze immer schneller.

Das Kaninchen hoppelt.
Das kleine Kaninchen hoppelt.
Das kleine und schnelle Kaninchen hoppelt.
Das kleine und schnelle Kaninchen hoppelt
über das Feld.

Die Katze schleicht.
Die große Katze schleicht.
Die große und getigerte Katze schleicht.
Die große und getigerte Katze schleicht umher.

1 Was können Tiere?
Ergänze den ersten Buchstaben.

Hasen __ oppeln. Bienen __ ummen.
Hähne __ rähen. Pferde __ iehern.
Hunde __ ellen. Vögel __ witschern.

2 Ergänze die fehlenden Endungen.

Das Kanin __ friss __ sehr gerne Gräs __ ,
Heu oder Grünfutter. Auch Ob __ und
Gemü __ sind gu __ für das Tie __ .
Es knabb __ auch viel an harten Zweig __ .
So blei __ seine Zäh __ richtig schar __ .

3 Was gehört zusammen? Verbinde.

Luis und seine Mama	Tierheim erkundigt.
Sie haben sich im	Hund gut zu ihnen passt.
Die Tierpfleger haben mit	einen Dackel, abholen.
Jetzt wissen sie, welcher	möchten einen Hund.
Morgen dürfen sie Benno,	ihnen gesprochen.

1 Markiere die seltsame Stelle im Wort.
Schreibe das Wort richtig auf.

Hautkatze Laubkatze Katzenallernie

2 In jedem Satz ist ein Wort zu viel.
Streiche das Wort.

Die also Hauskatze stammt von der Wildkatze ab.

Katzen sind deshalb dich sehr eigenwillig.

Manchmal wollen der sie gerne schmusen.

Dann gehen weit sie wieder ihre eigenen Wege.

3 Welche Antwort passt genau? Verbinde.

Wie alt können Katzen werden?

Sie werden ungefähr drei bis sechs Kilogramm schwer.

In einem Wurf sind etwa zwei bis sieben Junge.

Die meisten erreichen ein Alter von 12 bis 14 Jahren.

1 Suche dir ein Kind zum Partnerlesen.

Witz

Donnerstag, zweite Stunde: Geschichtenzeit in der 2a.

Die Kinder schreiben Texte über besondere Tiere.

In Sinans Geschichte kommt ein gefährliches Krokodil vor.

Sinan schreibt das Wort Krokodil klein.

Herr Müller sagt zu Sinan: „Denk doch bitte noch einmal gut nach.

Alles, was man sehen und anfassen kann, wird großgeschrieben."

Da antwortet Sinan seinem Lehrer empört:

„Aber Herr Müller, können Sie denn ein Krokodil anfassen?"

2 Notiere ein anderes Wort, das man großschreibt, aber besser nicht anfassen sollte.

1 Welche Silbe passt nicht? Streiche diese Silbe durch. Schreibe das Wort richtig auf.

Un ti garn

Po len ki

Dä ne so mark

2 Lies die Wörtertreppe immer schneller. Schreibe weiter.

Griechen	Eisen
Griechenland	Eisenbahn
Griechenlandflagge	Eisenbahn
Kreuz	Finn
Kreuzfahrt	Finnland
Kreuzfahrtschiff	Finnland

3 Wie viele Wörter hat der Spruch? Notiere.

WENN|EINEREINEREISEMACHT,DANN
KANNERVIELERLEBEN.

Der Spruch hat ____ Wörter.

1 Ergänze die Speise-Wörter.

Pizza **Piroggen** **Döner** **Sushi**

2 Ergänze die fehlenden Wörter.

Stäbchen Holz Land

In China, einem riesigen ______________________,

ist manches anders als in Deutschland.

Zum Beispiel essen die Chinesen mit

______________________.

Diese sind oft aus ______________________.

3 Verbinde die Satzteile. Schreibe den Satz auf.

Einmal im Monat Tom und seine Familie

in ein arabisches Restaurant. gehen

____

____

1 In jeder Reihe ist ein falsches Wort.
Streiche diese Wörter.

Wohnhaus	Rathaus	Haustür
Wohnwagen	Baumhaus	Hausboot
Wohnung	Rothaus	Haushalt
Wohnland	Wohnhaus	Haushaut
Wohnzimmer	Krankenhaus	Haustreppe

2 Nur ein Satz stimmt. Kreuze an.

☐ Ein Iglu ist ein Haus um Schnee.

☐ Ein Iglu ist eine Haut aus Schnee.

☐ Ein Iglu ist ein Haus aus Schnee.

☐ Ein Iglu ist ein Haus aus Schein.

3 Welche Satzpaare sind wirklich gleich?
Kreuze an.

☐ Manche Menschen haben ein Hausboot.
Manche Menschen haben ein Hausboot.

☐ Die Inuit in Grönland können Iglus bauen.
Die Inuit in Grünland können Iglus bauen.

☐ Im Dschungel gibt es Baumhäuser.
Im Dschungel gibt es Baumhäuser.

1 Suche dir ein Kind zum Partnerlesen.

Witz

Im Sachunterricht berichten die Kinder über ferne Länder.

Da fragt Frau Keller die Klasse:

„Was ist weiter weg, Italien oder der Mond?“

Marek muss nicht lange nachdenken und meldet sich sofort:

„Italien ist natürlich viel weiter weg.“

„Aber Marek, wie kommst du denn darauf?“, fragt Frau Keller leicht erstaunt.

Marek erklärt ihr: „Den Mond kann ich jeden Abend sehen, Italien aber nicht!“

2 Wie findest du den Witz? Ergänze.

Ich finde den Witz ____________________, weil

____

____

____

Bist du fit?

Ein Hamster als Haustier?

Hamster sind muntere, kleine Nagetiere. Sie bewegen sich schnell in ihrem Käfig, graben und klettern geschickt. Es macht Spaß, Hamster zu beobachten. Auch sehen sie sehr niedlich aus. Viele Kinder wünschen sich deshalb einen Hamster als Haustier. Aber ist das wirklich eine gute Idee?

Hamster sind nachtaktive Tiere. Das heißt, sie schlafen am Tag. Dröhnende Musik oder laute Kinderstimmen stören sie beim Schlafen. Wenn sie aus dem Käfig geholt und geweckt werden, können sie schon einmal kratzen oder beißen. Aktiv werden Hamster erst am Abend oder in der Nacht, gerade wenn Kinder ins Bett gehen oder schlafen. Dabei machen die Hamster in der Nacht in ihrem Käfig auch einigen Lärm.

Tierexperten raten deshalb Familien mit Kindern davon ab, einen Hamster als Haustier zu halten.

1 Was erfährst du über Hamster? Kreuze an.

Hamster sind

- ☐ schnell.
- ☐ Kletterkünstler.
- ☐ niedlich.
- ☐ groß.
- ☐ wie Kuscheltiere.
- ☐ Nagetiere.

2 Lies im ersten Abschnitt nach.
Ergänze den Satzanfang.

Es macht Spaß, ______________________________

____

3 Warum finden es Tierexperten nicht gut,
wenn Familien mit Kindern Hamster als Haustiere
halten? Lies im zweiten Abschnitt nach.
Ergänze den Text.

Hamster sind nachtaktiv. Sie schlafen also am __________.

Wenn Hamster geweckt und aus dem ______________

geholt werden, können sie schon einmal beißen oder

______________________.

1 Das alles kann man lesen, aber die Silben sind vertauscht.
Schreibe die Wörter richtig.

CHER BÜ SACH ▸ ____________________

TEN GE SCHICH ▸ ____________________

BER BUCH ZAU ▸ ____________________

2 Ergänze die Wörterdominos.

~~Laubwald~~ Tierbuch Waldtier

Laub	wald				

~~Kinderspiel~~ Filmfest Spielfilm

Kinder	spiel				

3 Wie viele Bücher liegen in Toms Regal?
Kreuze an.

LESEBUCH|KUSCHELTIERKRIMIBÜCHEREI
AUSWEISGRUSELBUCHLESEZEICHEN

☐ 3 ☐ 4 ☐ 5

1 Ergänze die Namen der berühmten Buchfiguren.

Das S ___ ms   Die kleine ___ exe   Der Grüffel ___

Die Bie ___ Maja   P ___ ppi L ___ strumpf

2 Ergänze drei Wörter mit **Buch-** und drei Wörter mit **Film-**.

___ schauspieler   ___ staben

___ vorführung   ___ lesung

3 Lies die Sprüche übers Lesen.
Ergänze die passenden Reimwörter.

Witzebuch   Essen   Gruselbuch

Will ich mich mal fürchten, huch,

greife ich zum ___ .

Hab ich Lust auf feines ___ ,

ins Kochbuch schauen, nicht vergessen.

1 Ein Wort in jedem Satz ist falsch.
Streiche es durch. Schreibe das Wort richtig daneben.

Im Märchenbuch
lebt der Prinz
in einem Schluss.

Im Kochtuch gibt es
tolle Rezepte.

Ronja schaut gerne
Bierfilme.

2 Welche Überschrift passt zum Text? Kreuze an.

- ☐ Keine Lust aufs Lesen
- ☐ Leseratten-Leseklub
- ☐ Wie man Comics zeichnet

Michel, Mario und Sina haben einen Leseklub. Sina liest am liebsten Kinderkrimis. Mario hat eine Vorliebe für Bücher über den Weltraum. Er mag aber auch gerne Kinderzeitschriften. Michel ist Comicspezialist. Er liest diese nicht nur gern, sondern versucht auch selbst, Comics zu zeichnen.

1 Suche dir ein Kind zum Partnerlesen.

Witz

Die kleine Sofie geht in den Kindergarten.
Gerade versucht sie, Buchstaben aus einem Buch abzuschreiben.

Die Erzieherin beobachtet Sofie und fragt:

„Sofiechen, was tust du denn da?“

„Ich übe für die Schule“, antwortet Sofie.

„Mach dir mal keine Sorgen“, meint die Erzieherin.

„Das machst du ja schon ganz prima“.

Darauf Sofie: „Auf dich verlasse ich mich besser nicht.

Du bist schon so groß und bist immer noch im Kindergarten.“

2 Wie findest du den Witz? Ergänze.

Ich finde den Witz ____________________, weil

____

____

1 Welche Silbe passt nicht ins Gruselwort?
Streiche diese Silbe durch.
Schreibe das Wort richtig auf.

Ge spens ro ter ▸ ______

Mons pe ter ▸ ______

Gän ro se haut ▸ ______

2 Markiere alle Wörter mit **Gr** und **gr**. Lies dann die Zungenbrecher ohne Fehler immer flüssiger.

Gruselige Graugänse grüßen grausige Graupapageien gründlich.
Gründlich grüßen grausige Graupapageien gruselige Graugänse.

Greta aus Graz gruselt sich vor grinsenden Grizzlys in Gruselfilmen.
Vor grinsenden Grizzlys in Gruselfilmen gruselt sich Greta aus Graz.

3 Markiere das Wort mit den meisten Silben.

Monsterkindergarten Vampirumhang
Spinnenspagetti Fledermausmaske

1 Was machen die Gespenster?
Ergänze die Verben.

h schen   rass n   lappern

er   recken   lopfen   flie en

2 Verbinde jede Scherzfrage mit der richtigen Antwort.

Wer verdient Geld, ohne auch nur einen Tag zu arbeiten?	Die Fledermaus.
Womit hört die NACHT auf und fängt der TAG an?	Der Nachtwächter.
Welche Maus kann in der Nacht fliegen?	Das Bettzeug.
Was liegt nachts im Bett und kann nicht schlafen?	Mit einem T.

3 Was gehört zusammen? Verbinde.

Bettgespenster verstecken	die Heulgespenster.
Mitternachts weinen	liebsten Schulgespenster.
Küchengespenster naschen	nachts im Kühlschrank.
Im Klassenraum toben am	sich in Federbetten.

1 Nur ein Wörterpaar ist wirklich gleich.
Kreuze an.

Kellergeist Kellergeist	Vampirzahn Vampirzehn	Mondlicht Mondsicht

2 Welche Frage passt zur Antwort? Verbinde.

Wann wachen die Gespenster auf?
Was mögen Vampire besonders gern?
Was benutzen Hexen zum Fliegen?
Wo befindet sich die Gespensterschule?

Blut ist ihr Lieblings-getränk.

3 Lies genau. Markiere drei Unterschiede in jedem Text.

Lieber Gespensterbruder,

das Spukhotel ist sehr alt
und unheimlich.
Ich konnte schon
viele Gäste erschrecken.
Der Vollmond scheint
jede Nacht.

Viele rasselnde Grüße
von deinem
Gespensterschwesterchen

Lieber Gespensterbruder,

das Spukhotel ist sehr groß
und unheimlich.
Ich konnte schon
viele Gäste erschrecken.
Der Halbmond scheint
jede Nacht.

Viele rasselnde Küsse
von deinem
Gespensterschwesterchen

1 Suche dir ein Kind zum Partnerlesen.

Witz

In einem alten Schlosshotel läuft ein Gast
verzweifelt durch die langen Flure.
Da kommt ihm ein kleines Gespenst entgegen.
Das Gespenst fängt laut an zu jammern:
„Schon seit über 700 Jahren muss ich hier in
diesem alten Schloss hausen. Fürchterlich!"
„Wie gut, Sie sind meine Rettung", freut sich der Gast.
„Dann wissen Sie ja sicher,
wo hier die Herrentoiletten sind."

2 Wie findest du den Witz? Ergänze.

Ich finde den Witz ____________, weil

____

____

____

1 Drehe diese Wörter um.

Lichtsonnen ▸ ______

Strandsand ▸ ______

2 Welche der langen Wörter gibt es wirklich? Kreuze an.

- ☐ Himbeerkuchenrezept
- ☐ Nussschokoladeneisbecher
- ☐ Früchtekartoffeleistee
- ☐ Orangennudellimonade

3 Wie oft kannst du das Wort **Sommertag** lesen? Unterstreiche die Wörter. Kreuze dann an.

SOMMERSONNESOMMERTAGSOHN

SAHNESOBALDSOMMERSONNESOLL

SOMMERTAGSINDSAGENSORGENSO

SINNSOMMERTAGSANDKASTENSEIN

☐ 2 ☐ 3 ☐ 4

1 Ergänze zwei Wörter mit **Eis-** und drei Wörter mit **Ei-**.

▸ ______ gelb ▸ ______ tee ▸ ______ er

▸ ______ schrank ▸ ______ dechse

2 Welches Reimwort passt? Markiere.

Heute ist es ziemlich heiß.
Alle Kinder rufen: „*Mais/Eis/Reis!*“

Alle Kinder wollen raus,
keiner bleibt mehr drin im *Maus/Laus/Haus*.

Tolles Wetter, welche Wonne,
strahlend scheint die liebe *Sonne/Kolonne/Tonne*.

3 Verbinde die Satzteile. Schreibe den Satz auf.

An heißen Tagen

ein Gewitter

gibt es manchmal

mit Blitz und Donner.

▸ ______________________________

▸ ______________________________

1 Welche Buchstaben wurden im unteren Wort verändert? Markiere sie.

URLAUBSORT	OSTSEE	SPREEWALD
URLAUBSART	OSTFEE	SPREEWAND

2 Verbinde jede Frage mit der richtigen Antwort.

Machst du in den Ferien eine Reise?	Mir gefällt besonders der Waldspielplatz.
Welche Ausflüge macht ihr?	Nein, wir bleiben hier und machen Ausflüge.
Was gefällt dir besonders im Wald?	Ausflüge machen wir gerne in den Wald.

3 Wie könnte das Spiel heißen? Kreuze an.

☐ Waldentdecker ☐ Waldlauf

☐ Verstecken im Wald

Ein Spieler legt fünf Dinge aus dem Wald (Eichenblatt, Baumrinde, Blume, Stein, ...) auf den Boden. Alle anderen versuchen nun, die gleichen Dinge zu finden. Wer zuerst alle fünf Dinge gefunden hat, hat gewonnen.

1 Suche dir ein Kind zum Partnerlesen.

Witz

Eine winzige Wüstenspringmaus und ein dicker Elefant machen gemeinsam in der Wüste einen Spaziergang.

Auf einmal stolpert der dicke Elefant und tritt aus Versehen ganz leicht auf die winzige Wüstenspringmaus.

Der dicke Elefant entschuldigt sich vielmals: „Oh, das tut mir so sehr leid, liebe kleine Maus."

Die Wüstenspringmaus winkt ab: „Kein Problem! Das hätte mir doch auch passieren können."

2 Wie findest du den Witz? Ergänze.

Ich finde den Witz ________________, weil

____

____

____

Kostbarer Wald

Wenn du im Sommer einen Ausflug in den Wald machst, wirst du viel entdecken können.

Der Wald ist eine kostbare Welt für uns Menschen. So kannst du den Wald schützen:

- Sei leise, so störst du die Tiere nicht.
- Beschädige keine Pflanzen.
- Nimm nur mit, was auf dem Boden liegt (zum Beispiel Hölzchen und Blätter).
- Beobachte die Tiere ganz vorsichtig.
- Lass keinen Müll liegen.

Tiere im Wald

Im Wald ist es so wunderschön,
man kann ganz viele Tiere seh’n.

Der Hase hoppelt schnell vorbei.
Ein Reh springt weg. Nein, es sind zwei!

Im Dickicht grunzt des Wildschweins Frau.
Der Fuchs verkriecht sich in dem Bau.

1 Was sind das für Texte? Kreuze an.

Kostbarer Wald ist ☐ ein Sachtext.
☐ ein Gedicht.

Tiere im Wald ist ☐ ein Sachtext.
☐ ein Gedicht.

2 Welche Gemeinsamkeiten haben beide Texte? Kreuze an.

Es geht um ☐ Eulen.
☐ den Wald.
☐ Regeln im Wald.

3 Was stimmt für **Kostbarer Wald**?
Was stimmt für **Tiere im Wald**? Kreuze an.

	Kostbarer Wald	Tiere im Wald
Der Text erklärt, wie man den Wald schützen kann.		
Der Text beschreibt Tiere im Wald.		

Deutschland-Quiz

1 Verbinde jede Quiz-Frage mit der passenden Lösung.

2 Du kannst die Spielkarten auch ausschneiden und das Quiz mit deiner Familie spielen.

Welcher Wald hat eine Farbe in seinem Namen?	Das ist der Bodensee.
Welcher Fluss fließt durch Dresden?	Die Stadt heißt Berlin.
Welches ist der größte deutsche See?	Das ist der Schwarzwald.
Wie heißt die Hauptstadt von Deutschland?	Der Fluss heißt Elbe.
Welche Farben hat die deutsche Flagge?	Das ist die Insel Rügen.
Wie heißt die größte deutsche Insel?	Sie hat die Farben Schwarz, Rot und Gold.

Lösungsseiten

Seite 3
Nr. 1 offene Aufgabe
Nr. 2 Konrad – Tierbuch, Hanna – Zauberbuch, Moritz Liederbuch, Dunja – Lesebuch, Maja – Gruselbuch

Seite 4
Nr. 1 der Kleber, die Tasche, das Schulbrot
Nr. 2 Turnhalle, Pausenhof, Klassenraum
Nr. 3 Alle Schüler arbeiten leise. Sie schreiben eine schöne Geschichte in ihre Hefte. Dann holen sie schnell Schulbrote aus den Taschen. Endlich Pause!

Seite 5
Nr. 1 Mathematik, Sachunterricht, Musik, Deutsch, Kunst
Nr. 2 In Saras Geschichte – gibt es einen Schulhund. Der Schulhund – heißt Benno. Benno ist – sehr lieb. Er lässt sich – gerne streicheln.
Nr. 3 Neben dem Schrank steht die Bank. Unter dem Tuch liegt ein Buch. In der Tasche ist eine Flasche.

Seite 6
Nr. 1 Kamel, Katze, Käfer
Nr. 2 ~~Schulmund~~, ~~Klassenbaum~~, ~~Turnschere~~
Nr. 3 Satz 1 – Satz 3, Satz 2 – Satz 2, Satz 3 – Satz 4, Satz 4 – Satz 1

Seite 7
Nr. 1 offene Aufgabe
Nr. 2 individuelle Lösung
Nr. 3 Tom ist zu spät gekommen.

Seite 8
Nr. 1 Ern-te, Ne-bel, Blät-ter, Kür-bis, Re-gen, Dra-chen
Nr. 2 September, Oktober, November
Nr. 3 individuelle Lösung

Seite 9
Nr. 1 Apfel, Sturm, Laterne, Früchte, Kartoffel, Pilze, Eicheln
Nr. 2 Wind, Haselnuss, Hagebutte, Wolken, Weintrauben, Wald, Herbstgedicht
Nr. 3 Der Igel raschelt im Laub. Er sucht ein Versteck für den Winter. Gern versteckt er sich in einer Hecke. Dann rollt er sich zu einer Kugel. So schläft der Igel fünf Monate.

Seite 10
Nr. 1 ~~Brot~~, ~~Stein~~, ~~Kartei~~
Nr. 2 ~~Küsse~~, Nüsse; ~~Blusen~~ Blumen; ~~Kind~~, Wind
Nr. 3 Viele Kinder in der Klasse haben Schnupfen. (Satz 1)

Seite 11
Nr. 1 offene Aufgabe
Nr. 2 Mein Taschentuch gehört mir

Seite 12
Nr. 1 ~~sin~~ Tante, ~~tan~~ Bruder, ~~pa~~ Vater, ~~te~~ Onkel, ~~li~~ Mutter
Nr. 2 Tante Stefanie steigt in der Stube auf den Stuhl. Auf den Stuhl in der Stube steigt Tante Stefanie.
Nr. 3 Urgroßvater

Seite 13
Nr. 1 Oma, Familie, Patenkind, Tochter, Großonkel, Enkel
Nr. 2 Der Bruder schiebt den Wagen. Das Baby schreit laut. Die große Schwester beruhigt das Baby. Gleich sind die Geschwister zu Hause.
Nr. 3 Max und Moritz – sind Brüder. Manchmal haben die – beiden auch Streit. Dann sind die beiden – voller Wut. Zum Glück geht – das schnell vorbei.

Seite 14
Nr. 1 Frosch, Fliege, Fuchs, Faultier
Nr. 2 ~~dann~~, ~~die~~, ~~klein~~, ~~so~~, ~~Spaß~~
Nr. 3 Otto ist zehn/10 Jahre alt.

Seite 15
Nr. 1 offene Aufgabe
Nr. 2 Bitte

Seiten 16/17
Nr. 1 Luisa wohnt mit Mama und Oma zusammen: Stimmt; Luisas Papa wohnt auf einem Dorf: Stimmt; Luisa ist jedes Wochenende bei ihrem Papa: Stimmt nicht; Luisa hat eine kleine Schwester: Stimmt nicht
Nr. 2 Zeile 4
Nr. 3 Ich finde es schön, dass wir so viele Kinder sind. (Zeile 8)

Seite 18
Nr. 1 Königin, Hexe, Drachen
Nr. 2 Es sind sechs/6 Märchenorte.
Nr. 3 Die böse (1) und hartherzige (2) Königin schaut in den Spiegel (3).

Seite 19
Nr. 1 Hänsel und Gretel verliefen sich im Wald.
Nr. 2 Ich bin so satt, ich mag kein Blatt. Ach wie gut, dass niemand weiß, dass ich Rumpelstilzchen heiß.
Nr. 3 ~~triffst~~, ~~geht~~, ~~möchtet~~

Seite 20
Nr. 1 ~~Fußballer~~, ~~Hochhäusern~~
Nr. 2 Rotkäppchen pflückt Blumen für die Großmutter.
Dornröschen schläft hundert Jahre.
Nr. 3 Das Mädchen heißt Rapunzel.

Seite 21
Nr. 1 offene Aufgabe
Nr. 2 individuelle Lösung

Seite 22
Nr. 1 Schneeball, Eiszapfen
Nr. 2 Nikolaus, Weihnachten, Silvester
Nr. 3 Vorgestern schlich der vorbestellte Nikolaus vor dem Vorderhaus vorbei. Vor dem Vorderhaus schlich der vorbestellte Nikolaus vorbei. Bei der Vorführung stellte sich der Vorsänger vorsichtig vor den Vorhang. Vor den Vorhang stellte sich vorsichtig bei der Vorführung der Vorsänger.

Seite 23
Nr. 1 Eiszapfen, Schneefall, Schneematsch, Eisbär
Nr. 2 Herr Nikolaus, du kommst von fern, wir Kinder haben dich so gern. Eins, zwei, drei, Niklaus komm bei uns vorbei. Nikolaus, komm immer wieder, dann singen wir dir schöne Lieder. Bringt der Niklaus Pfefferkuchen, lassen wir ihn auch versuchen.

Seite 24
Nr. 1 ~~Eisheizung~~, ~~Kaminschnee~~, ~~Wollsalami~~
Nr. 2 ~~Eis~~, ~~die~~, ~~Hunger~~, ~~klein~~
Nr. 3 Welche Blumen wachsen im Schnee?

Seite 25
Nr. 1 offene Aufgabe
Nr. 2 in ein paar Monaten

Seite 26
Nr. 1 la-chen, spie-len, to-ben, schwim-men, ko-chen, bas-teln
Nr. 2 (Fuß|ball) – Ball|spiel – Spiel|platz
(Platz|karten) – Karten|spiel – Spiel|uhr
Nr. 3 befreundet, Freundschaftsspiel, Ballfreunde, unfreundlich, Fußballfreunde

Seite 27
Nr. 1 Freudenträne, Freundschaft, Freundlichkeit, Freudenfest
Nr. 2 Geburtstag, Samstag, Kuchen, zu Hause, zusammen, Waldspielplatz, toben, Abend, Würstchen
Nr. 3 Freunde sollten – immer zusammenhalten. Geheimnisse dürfen – nicht ausgeplaudert werden. Zum Streiten gehört – auch die Versöhnung. Freunde sollten nicht – schnell beleidigt sein.

Seite 28
Nr. 1 ~~grob~~
Nr. 2 Satz 1 – Satz 2, Satz 2 – Satz 3, Satz 3 – Satz 1
Nr. 3 Fiona ist im Judo-Verein. Sie liebt ihren Hund. Sie liest sehr gerne dicke Bücher.

Seite 29
Nr. 1 offene Aufgabe
Nr. 2 Luisa trägt eine Brille im Bett.

Seiten 30/31
Nr. 1 Schneewittchen, Hänsel, Froschkönig, Bremer Stadtmusikanten, Aschenputtel
Nr. 2 individuelle Lösung
Nr. 3 individuelle Lösung

Seite 32
Nr. 1 Maiglöckchen, Gänseblümchen
Nr. 2 Es sind fünf/5 Frühlingsblumen.
Nr. 3 Früh im Frühling fangen die Frühblüher im Frühbeet frühzeitig fröhlich an zu blühen. Frühzeitig fangen die Frühblüher im Frühbeet früh im Frühling fröhlich an zu blühen. Beim fröhlichen Frühlingsfest gibt es Frühlingsquark aufs Frühstücksbrot zum frühen Morgen. Zum frühen Morgen gibt es aufs Frühstücksbrot Frühlingsquark beim fröhlichen Frühlingsfest

Seite 33
Nr. 1 Frühjahr, Osterkerze, Osterlamm, Frühblüher
Nr. 2 Zwei kleine Eier reisen zur Osterfeier.
Nr. 3 Der Frühling ist da. Wir rufen „Hurra". Endlich kommen alle raus, auch aus ihrem Loch die Maus. Auch die Hühnerlein im Nest freuen sich aufs Osterfest.

Seite 34
Nr. 1 Meise, Hase, Hund, Huhn, Zecke
Nr. 2 Das Rotkehlchen ist ein Vogel.
Der Schauer ist ein Regenguss.
Nr. 3 ~~fahren~~, ~~braten~~, ~~wirft~~, ~~Jahren~~

Seite 35
Nr. 1 offene Aufgabe
Nr. 2 ~~Stäbchen~~,, Löffel
Stäbchen, ~~Löffel~~,

Seite 36
Nr. 1 Hase, Affe, Barsch
Nr. 2 Meerschweinchen, Feldhamster
Nr. 3 Das kleine (1) und schnelle (2) Kaninchen hoppelt über das Feld (3).
Die große (1) und getigerte (2) Katze schleicht umher (3).

Seite 37
Nr. 1 Hasen hoppeln. Bienen summen. Hähne krähen. Pferde wiehern. Hunde bellen. Vögel zwitschern.
Nr. 2 Das Kaninchen frisst sehr gerne Gräser, Heu oder Grünfutter. Auch Obst und Gemüse sind gut für das Tier. Es knabbert auch viel an harten Zweigen. So bleiben seine Zähne richtig scharf.
Nr. 3 Luis und seine Mama – möchten einen Hund. Sie haben sich im – Tierheim erkundigt. Die Tierpfleger haben mit – ihnen gesprochen. Jetzt wissen sie, welcher – Hund gut zu ihnen passt. Morgen dürfen sie Benno, – einen Dackel, abholen.

Seite 38
Nr. 1 Hautkatze – Hauskatze, Laubkatze – Raubkatze, Katzenallernie – Katzenallergie
Nr. 2 ~~also~~, ~~dich~~, ~~der~~, ~~weit~~
Nr. 3 Die meisten erreichen ein Alter von 12 bis 14 Jahren.

Seite 39
Nr. 1 offene Aufgabe
Nr. 2 individuelle Lösung

Seite 40
Nr. 1 ~~ti~~ – Ungarn, ~~ki~~ – Polen, ~~so~~ – Dänemark
Nr. 2 individuelle Lösung
Nr. 3 Der Spruch hat zehn/10 Wörter.

Seite 41
Nr. 1 Pizza, Piroggen, Döner, Sushi
Nr. 2 In China, einem riesigen Land, ist manches anders als in Deutschland. Zum Beispiel essen die Chinesen mit Stäbchen. Diese sind oft aus Holz.
Nr. 3 Einmal im Monat gehen Tom und seine Familie in ein arabisches Restaurant.

Seite 42
Nr. 1 ~~Wohnland~~, ~~Rothaus~~, ~~Haushaut~~
Nr. 2 Ein Iglu ist ein Haus aus Schnee.
Nr. 3 Manche Menschen haben ein Hausboot.
Im Dschungel gibt es Baumhäuser.

Seite 43
Nr. 1 offene Aufgabe
Nr. 2 individuelle Lösung

Seiten 44/45
Nr. 1 Hamster sind schnell, Kletterkünstler, niedlich, Nagetiere
Nr. 2 Es macht Spaß, Hamster zu beobachten.
Nr. 3 Hamster sind nachtaktiv. Sie schlafen also am Tag. Wenn Hamster geweckt und aus dem Käfig geholt werden, können sie schon einmal beißen oder kratzen.

Seite 46
Nr. 1 Sachbücher, Geschichten, Zauberbuch
Nr. 2 (Laub|wald) – Wald|tier – Tier|buch
(Kinder|spiel) – Spiel|film – Film|fest
Nr. 3 3

Seite 47
Nr. 1 Das Sams – Die kleine Hexe – Der Grüffelo – Die Biene Maja – Pippi Langstrumpf
Nr. 2 Filmschauspieler, Buchstaben, Filmvorführung, Buchlesung
Nr. 3 Will ich mich mal fürchten, huch, greife ich zum Gruselbuch. Hab ich Lust auf feines Essen, ins Kochbuch schauen, nicht vergessen.

Seite 48
Nr. 1 ~~Schluss~~ – Schloss, ~~Kochtuch~~ – Kochbuch, ~~Bierfilme~~ – Tierfilme
Nr. 2 Leseratten-Leseklub

Seite 49
Nr. 1 offene Aufgabe
Nr. 2 individuelle Lösung

Seite 50
Nr. 1 ~~ro~~ – Gespenster, ~~pe~~ – Monster, ~~ro~~ – Gänsehaut
Nr. 2 Gruselige Graugänse grüßen grausige Graupapageien gründlich. Gründlich grüßen grausige Graupapageien gruselige Graugänse. Greta aus Graz gruselt sich vor grinsenden Grizzlys in Gruselfilmen. Vor grinsenden Grizzlys in Gruselfilmen gruselt sich Greta aus Graz.
Nr. 3 Monsterkindergarten

Seite 51

Nr. 1 huschen, rasseln, klappern, erschrecken, klopfen, fliegen

Nr. 2 Wer verdient Geld, ohne auch nur einen Tag zu arbeiten? – Der Nachtwächter. | Womit hört die NACHT auf und fängt der Tag an? – Mit einem T. | Welche Maus kann in der Nacht fliegen? – Die Fledermaus. | Was liegt nachts im Bett und kann nicht schlafen? – Das Bettzeug.

Nr. 3 Bettgespenster verstecken – sich in Federbetten. Mitternachts weinen – die Heulgespenster. Küchengespenster naschen – nachts im Kühlschrank. Im Klassenraum toben am – liebsten Schulgespenster.

Seite 52

Nr. 1 Kellergeist

Nr. 2 Was mögen Vampire besonders gern?

Nr. 3 alt/groß, Vollmond/Halbmond, Grüße/Küsse

Seite 53

Nr. 1 offene Aufgabe

Nr. 2 individuelle Lösung

Seite 54

Nr. 1 Sonnenlicht, Sandstrand

Nr. 2 Himbeerkuchenrezept, Nussschokoladeneisbecher

Nr. 3 3

Seite 55

Nr. 1 Eigelb, Eistee, Eier, Eisschrank, Eidechse

Nr. 2 Eis, Haus, Sonne

Nr. 3 An heißen Tagen gibt es manchmal ein Gewitter mit Blitz und Donner.

Seite 56

Nr. 1 URLAUBSART, OSTFEE, SPREEWAND

Nr. 2 Machst du in den Ferien eine Reise? – Nein, wir bleiben hier und machen Ausflüge. | Welche Ausflüge macht ihr? – Ausflüge machen wir gerne in den Wald. | Was gefällt dir besonders am Wald? – Mir gefällt besonders der Waldspielplatz.

Nr. 3 Waldentdecker

Seite 57

Nr. 1 offene Aufgabe

Nr. 2 individuelle Lösung

Seiten 58/59

Nr. 1 *Kostbarer Wald* ist ein Sachtext. *Tiere im Wald* ist ein Gedicht.

Nr. 2 Es geht um den Wald.

Nr. 3

	Kostbarer Wald	Tiere im Wald
Der Text erklärt, wie man den Wald schützen kann.	x	
Der Text beschreibt Tiere im Wald.		x

Seite 60

Nr. 1 Welcher Wald hat eine Farbe in seinem Namen? – Das ist der Schwarzwald. | Welcher Fluss fließt durch Dresden? – Der Fluss heißt Elbe. | Welches ist der größte deutsche See? – Das ist der Bodensee. | Wie heißt die Hauptstadt von Deutschland. – Die Stadt heißt Berlin. | Welche Farben hat die deutsche Flagge? – Sie hat die Farben Schwarz, Rot und Gold. | Wie heißt die größte deutsche Insel? – Das ist die Insel Rügen.